first word search

Phonics Made Easy

Illustrated by
Steve Harpster

Sterling Publishing Co., Inc.
New York

Published in 2005 by Sterling Publishing Co., Inc.
387 Park Avenue South, New York, NY 10016
© 2005 by Sterling Publishing Co., Inc.

Sterling ISBN-13: 978-1-4027-3749-7
        ISBN-10: 1-4027-3749-1

For information about custom editions, special sales, premium and
corporate purchases, please contact Sterling Special Sales
Department at 800-805-5489 or specialsales@sterlingpub.com.

A Note to Parents:

Word search puzzles are both great teaching tools and lots of fun. After reading the word and spelling it out loud, have your child search for it in the grid. Then once it's found, have your child use the word in a sentence. This will help to reinforce vocabulary and grammatical skills.

Directions:

Each puzzle consists of a letter grid and a word list at the bottom of the grid. Each word can be found somewhere in the letter grid. The tricky part is that a word can appear reading forward, backward, up, down, or diagonally. There are many different ways to search for a word. A few hints: first look for words that go across; words that go down; or words with unusual letters in them, like Q, Z, X, or J. Once the word is found, draw a circle around it. It's also a good idea to cross out the words from the word list once they are found so that no time is wasted searching for the same word twice. Once all of the words are found, check in the answer section to see if they are right. That's all there is to it!

Good luck and have fun!

Long A Sounds

```
T Q C L L L E H E
H Y C A W E N V P
X T N G N J A D M
P E K A R W C J Z
Q Y R A Y A Z A L
X C E W R N P N H
L R K F A C E E N
M R A E M A S N M
N J T V P N F F R
```

Cane   Lane
Crane   Same
Face   Rake
Grape   Take
Jane   Wave

Short A Sounds

H X N H R F N N V
S C A L N F A J L
A M G L M B G C R
R K B A L G T A T
T C K B W A L X R
N A Q V D S N W T
K T B L N P M S K
X K D A M P A C B
H T A P D C G L R

Ball   Ham
Cast   Path
Damp   Rag
Fact   Tack
Gasp   Trash

AI Sounds

```
Y  Y  Q  R  N  P  Y  M  B
Y  F  T  K  L  I  T  T  N
N  L  L  A  G  R  A  I  N
Z  C  I  N  M  M  A  T  N
P  N  F  N  J  V  A  I  S
A  I  C  I  R  C  A  I  T
I  A  L  A  M  G  P  T  N
N  R  W  R  Q  C  N  P  M
T  T  H  D  N  I  A  P  S
```

Drain	Plain
Gain	Spain
Grain	Stain
Main	Train
Paint	Vain

7

BL Sounds

```
Q  D  R  A  Z  Z  I  L  B
F  R  B  J  N  N  T  F  K
B  W  B  N  B  E  H  F  E
L  P  T  L  K  V  M  U  M
I  C  O  N  I  W  X  L  A
N  C  A  R  F  N  O  B  L
K  L  U  K  L  C  D  L  B
B  L  Y  L  L  R  K  S  B
B  L  E  N  D  L  V  V  T
```

Blame	Blizzard
Blanket	Block
Blend	Blow
Blinds	Bluff
Blink	Blur

Hard C Sounds

```
R B L C A L L F H
N Y K R N E C R C
N V Y C V G A M L
X X W O A X T C L
R R C P E R O F H
X T O K T M E L K
J J A L F T B F O
M C F Y O F N A O
H C I M O C P C C
```

Cab	Comfy
Cake	Comic
Call	Color
Care	Cook
Cat	Cove

Soft C Sounds

```
C Y T I C M Q T Q
I N P C E M E N T
N X N C K D R G C
E G K F I E M I L
M L P L T D R N A
A L B N I C E F B
P E E X L V P R M
M C N E V H I M Y
H C E R E A L C C
```

Cell	Cinema
Cement	Circle
Center	City
Cereal	Civil
Cider	Cymbal

CH Sounds

```
G K C I H C M D E
C P G K H N R W C
H F N E I E F O N
E L S C T L M H A
R S V P H U I C H
R Q A M H E R H C
Y H L C X K E V C
C H E C K E R S Z
R K Y N L M F K E
```

Chance	Chess
Chapter	Chick
Checkers	Chili
Cheese	Chow
Cherry	Chum

CK Sounds

```
C  K  L  R  P  R  R  K  Y
K  C  U  P  L  J  N  X  K
D  U  K  L  U  F  A  C  Y
B  B  V  P  C  T  O  C  N
X  N  E  R  K  M  K  K  K
K  C  N  R  S  G  L  C  R
K  C  D  U  C  K  A  I  X
L  X  A  Z  R  R  M  L  D
K  Z  Q  T  C  L  C  S  M
```

Buck	Luck
Crack	Peck
Duck	Puck
Jack	Smock
Lick	Tack

CR Sounds

```
M  P  C  R  E  E  P  Y  W
C  R  A  N  B  E  R  R  Y
C  H  K  H  C  R  T  C  N
K  R  L  R  E  N  C  R  J
R  M  E  T  Z  P  R  E  C
R  S  A  A  Q  M  O  A  L
T  R  R  T  M  A  P  T  N
C  N  M  M  P  R  S  E  B
J  L  T  E  K  C  I  R  C
```

Cramp	Creepy
Cranberry	Crest
Crater	Cricket
Cream	Crops
Create	Cry

DR Sounds

```
T  B  D  B  P  O  O  R  D
P  R  Q  R  D  L  T  Y  R
R  Z  N  R  I  A  N  C  I
E  W  I  J  R  B  Y  H  F
V  P  L  D  N  K  B  R  T
O  D  C  X  I  N  F  L  D
R  N  H  T  A  Z  L  T  E
D  T  Y  D  R  E  A  R  Y
S  M  U  R  D  H  Q  Y  N
```

Drain	Drip
Drat	Droop
Dreary	Drove
Dribble	Drums
Drift	Dry

Long E Sounds

```
S  R  H  M  D  K  Q  R  M
H  N  E  M  V  R  E  Y  K
E  L  A  F  K  V  E  E  M
E  N  R  K  A  Z  H  A  W
P  A  D  E  R  E  T  E  M
J  E  B  H  A  K  N  P  N
L  B  H  T  X  A  L  E  R
C  G  R  G  P  Z  N  Y  M
C  D  N  X  C  L  E  A  N
```

Bean	Heat
Beaver	Meter
Clean	Relax
Dream	Sheep
Hear	Week

EE Sounds

```
V Q H H Y H L Z X
F X D E E R L C F
E K Z N N P C H L
E X T T E F E K E
R X N E P E E C E
X L H E L K R E Q
M S E B L N G P D
V D T E E M L C L
N K Y W N H C B V
```

Bee	Heel
Deep	Meet
Deer	Preen
Feed	Reef
Flee	Sheep

F Sounds

```
F N L D N E I R F
F E L S Q B R Y P
L Q A X E K G F X
I T F T N I L W Y
P K F M H U R C N
F A S T T E N F N
P T W E M A R B U
F G B P F H V T F
B F E R R E T Y T
```

Fall · Flip
Fancy · Flute
Fast · Friend
Feather · Fries
Ferret · Funny

Hard G Sounds

```
B  G  I  G  G  L  E  G  M
Y  K  Y  T  E  Q  L  L  X
G  L  S  K  M  Y  T  A  T
G  U  L  L  A  P  B  D  E
G  I  K  O  G  P  Y  T  T
R  Z  Z  L  G  U  A  D  M
Z  G  O  M  X  G  T  P  M
F  B  C  P  O  T  J  Z  F
E  N  E  D  L  O  G  L  P
```

Game	Globe
Gate	Golden
Giggle	Golly
Gizmo	Guppy
Glad	Gust

Soft G Sounds

```
G E M P G L K F H
G P G L L L G Z E
R E E L M B E B F
N S N Y T M N G F
N P G E T K E E A
N M R V R N S E R
G M K N T A A D I
D G R L W T L I G
Z N E L I B R E G
```

Gee	Gentle
Gel	Gerbil
Gem	Giant
General	Giraffe
Genes	Gym

Silent GH Sounds

```
T D O U G H N U T
T T H G I E N L N
H N G E G M H M L
G Z U G I G I H I
U Y O M U G G Y G
O F B O H U H L H
S V R T O G B T T
M O Q H R Y I Y B
B B T L K H B S R
```

Bough
Borough
Doughnut
Height
Light

Might
Neigh
Sigh
Sought
Though

GR Words

```
P  G  X  G  R  A  P  E  S
Z  R  B  T  P  X  Q  R  L
E  E  W  Q  B  U  K  F  D
C  G  O  P  J  G  O  N  V
A  R  R  T  G  G  A  R  G
R  K  G  R  R  R  W  J  G
G  Y  U  I  G  T  A  Z  T
H  N  L  L  K  N  H  V  L
T  L  D  N  U  O  R  G  Y
```

Grace	Grill
Grand	Ground
Grapes	Group
Gravy	Grow
Greg	Grunt

H Sounds

```
H O S P I T A L R
Y E K C O H Q L E
P H I S T O R Y L
H H I L L M H L
I C L L Y H H P O
P M E N P O I K H
P H H G P X L N W
O D Y E A Q T N T
M K D Q H K V Q M
```

Happy   History
Hello   Hockey
Hill   Holler
Hint   Hope
Hippo   Hospital

Long I Sounds

```
E  C  I  N  F  I  N  D  N
W  K  T  H  E  M  E  R  K
M  Z  N  V  I  D  M  L  P
P  L  I  N  I  V  I  G  W
R  D  E  S  K  G  E  Q  E
N  L  L  P  H  T  E  F  S
T  I  G  T  I  L  T  Y  I
T  M  L  K  R  P  I  X  R
K  E  H  R  V  T  B  C  J
```

Bite	Light
Dive	Nice
Find	Pipe
Hive	Rise
Lime	Side

Short I Sounds

B G W L G H M R L
H I I K B I J K R
F N R V H P B R H
D F L W E Z I E V
J P F I L M B V G
N H N B L Q K I Q
C P I C N I C R M
Y F B X T S I M K
C K F Q F Q X R Z

Bib
Fib
Film
Give
Hip

Kit
Mist
Picnic
Rib
River

IR Sounds

```
C  J  Q  R  N  J  Z  V  R
L  F  C  C  I  G  V  P  N
R  I  K  C  I  T  R  D  N
I  R  N  R  I  I  S  R  K
W  S  L  H  H  R  N  I  D
S  T  K  C  Z  Q  C  B  B
C  I  R  C  L  E  Y  U  V
N  K  T  H  I  R  D  W  S
W  R  V  P  T  R  I  K  S
```

Bird	Girl
Chirp	Skirt
Circle	Stir
Circus	Swirl
First	Third

LE Sounds

```
E L D D A W F E R
L R E Q L U R L D
T L D L M D E B O
T Z D B G L C B O
E X L I B G B A D
K E J B M Q U B L
T K U R P P R J E
F B C A N D L E T
R E L G G I G E X
```

Babble	Fumble
Bubble	Giggle
Candle	Juggle
Dimple	Kettle
Doodle	Waddle

26

M Sounds

```
N  L  M  T  G  Y  T  T  R
F  R  E  E  K  L  H  N  E
T  N  S  N  Y  K  P  N  L
M  R  S  G  W  X  I  O  B
J  A  Y  A  Y  A  R  J  M
H  L  Z  M  M  A  R  S  U
D  V  I  E  I  N  I  M  M
Z  L  G  N  I  N  R  O  M
D  V  Q  Y  K  Y  Z  T  B
```

Magnet	Mild
Maine	Mini
Mars	Mop
Maze	Morning
Messy	Mumble

N Sounds

```
J H T R O N W T R
R Z B N L L H F E
E N N I C K E L V
B I G E X C M F E
M G N B S T X N N
U H C I X O I Z T
N T K E F N N W B
N N N M L T N O L
F L K B G F Y N Q
```

Never	Nine
Next	North
Nickel	Nose
Nifty	Now
Night	Number

Long O Sounds

```
P V X C C W E R N
G F O A M Z V L J
L O C J E T O N H
W V A F B B T L B
O H P L Z E S C T
B O G A V R E R M
X M K O O T L O D
T E D D O S P M F
N T N V V E T L R
```

Bowl	Mope
Dove	Note
Foam	Soap
Goal	Stove
Home	Vote

Short O Sounds

D S K C O S M N X
D N E T T O R R T
C O B F T J G P R
J K C T N T O X E
T T O K B S B D L
M B K P S L M N D
M J Q U O H C F D
O Z M C R T Q Q O
M W T M D Y G N T

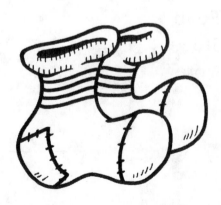

Bog
Bottom
Cob
Dock
Mom

Possum
Rotten
Socks
Toddler
Top

OA Sounds

```
K K T T G K T T X
T A A O D O P P G
A F O A M Y A W R
O R R S B X K T O
B T H T G D H A
L T T M H T N T N
N W O L Q Z A H K
D A O R V O G B K
N F H T C N R V T
```

Boat	Moan
Coat	Road
Foam	Soak
Goat	Throat
Groan	Toast

OI Words

```
Z  K  H  D  V  O  I  C  E
L  L  O  F  C  O  I  N  S
T  G  I  K  O  B  C  B  K
N  J  S  L  N  I  R  R  L
I  N  T  I  T  I  L  I  M
O  V  Y  O  M  M  O  O  H
P  N  X  B  T  C  I  M  D
M  L  P  B  E  S  I  O  N
C  F  K  N  T  J  N  J  D
```

Boil	Moist
Coil	Noise
Coins	Oink
Foil	Point
Hoist	Voice

OU Sounds

```
H  R  J  T  U  O  C  S  D
O  C  L  O  U  D  Q  F  N
U  N  K  Y  M  P  Q  E  U
S  B  F  O  H  W  D  S  O
E  N  U  O  O  N  M  U  P
G  S  J  U  U  L  D  O  H
E  X  N  O  W  N  H  L  M
T  D  B  L  M  K  D  B  W
Q  Q  H  C  U  O  P  V  V
```

Blouse	Mouse
Bound	Pouch
Cloud	Pound
Found	Scout
House	Wound

OY Words

```
L A Y O R K D R T
Y Y K R L Z O X P
O M J R J B M L R
R G M Y R O O W V
T W O Y L Y Y L R
S T R V O T O T V
E M C O Y S N H C
D K Y G A C N Q Y
M T X C L Z A M D
```

Annoy	Loyal
Boy	Ploy
Coy	Royal
Destroy	Soy
Joy	Toy

P Sounds

```
X O N A I P N W R
J N C R M E P K T
H K B W D E P D A
C N P A R I S P P
O P R F N N H E A
O A E B H S L P P
P C A N O K K P N
T L N P N T H E Y
L K T H Y Y N R K
```

Papa   Perfect
Parade   Piano
Paris   Pinball
Penny   Pooch
Pepper   Posh

PH Sounds

```
O T O H P M N X L
G X N N C O P K P
P H E W E T H P H
P K Y S P N O H R
R H A H Y A N O A
M H O P X H I O S
P N L N Z P C E E
Y X F N E C S Y Q
J J P H I L L I P
```

Phantom   Phonics
Phase   Phony
Phew   Phooey
Phillip   Photo
Phone   Phrase

QU Sounds

```
T T M F Z M L N T
Y K J Q U I C K B
T K V Q A R U T B
I C N U M B Q Q G
L A Q E Q U A K E
A U H S I U N L Z
U Q G T F R E P K
Q P E B Y Q X E L
L E R R A U Q J N
```

Quack	Queen
Quail	Quest
Quake	Quick
Quality	Quite
Quarrel	Quiz

R Sounds

```
T  Y  R  L  R  E  V  I  R
R  D  C  R  E  L  I  E  F
P  E  B  E  K  Q  T  R  R
C  V  T  N  L  N  Q  L  I
E  Y  Y  U  U  F  A  F  C
L  C  L  R  R  C  F  R  H
U  W  L  K  S  N  I  U  L
R  N  A  A  V  N  M  D  R
D  L  R  D  G  Q  F  D  N
```

Rally   Ring
Rascal   River
Relief   Ruffle
Return   Rule
Rich   Runt

SH Sounds

```
K R P N S W L N D
S T M E S H I N H
H N I K K N U T R
U G R A Y Y E S S
T G H H T B Q H H
T U S S R D R O H
L R F E B I M W C
E H H W N Y D E B
G S X K R H S R H
```

Shaken	Shrink
Sherbet	Shrug
Shin	Shush
Shower	Shuttle
Shrimp	Shy

SM Sounds

```
S  M  U  D  G  E  S  Y  D
S  S  D  K  C  O  M  S  J
M  S  M  A  S  H  I  Q  J
O  H  L  E  B  R  L  R  S
O  T  L  Z  L  L  E  M  T
C  O  A  L  R  L  I  R  N
H  O  M  N  L  R  A  D  Y
B  M  S  Z  K  M  L  G  D
F  S  Q  Q  S  F  J  C  H
```

Small	Smirk
Smart	Smock
Smash	Smooch
Smell	Smooth
Smile	Smudge

SN Sounds

```
S  S  S  N  A  P  L  R  L
N  L  N  K  T  P  G  E  T
I  R  O  E  R  L  K  W  H
F  A  W  K  E  R  T  C  T
F  N  Y  A  O  Z  T  N  S
Z  S  K  N  M  A  E  N  K
Y  T  S  S  N  P  U  J  K
G  M  M  S  M  G  T  V  K
R  T  E  P  P  I  N  S  P
```

Snake	Sniff
Snatch	Snippet
Snap	Snorkel
Snarl	Snowy
Sneeze	Snug

ST Sounds

```
J  G  T  R  N  L  O  M  L
S  D  K  T  H  E  R  B  B
S  T  L  Y  R  O  T  S  S
T  T  I  E  K  L  F  L  T
I  F  T  C  S  L  N  R  U
N  S  R  T  K  A  A  N  F
G  U  O  V  V  T  F  Z  F
P  P  T  M  S  S  W  R  X
C  C  K  S  T  E  E  L  T
```

Stall	Sting
Start	Stop
Steel	Story
Stereo	Stuff
Stick	Stun

TH Sounds

```
W  E  R  H  T  S  C  C  T
T  G  M  L  C  K  R  H  R
H  T  T  D  D  N  R  X  E
O  R  H  J  U  A  P  R  D
U  V  Z  I  S  H  N  T  N
S  T  Z  H  R  T  T  H  U
A  M  X  T  A  D  B  R  H
N  J  T  H  E  R  E  O  T
D  T  T  G  D  J  W  B  Q
```

Thanks	Thrash
That	Threw
There	Throb
Third	Thud
Thousand	Thunder

TR Sounds

```
T P N N W L Z L T
L R T J E M E A T
Y D E V L T D C R
Y R A N R M A I I
F R T I C Q R P A
T L C T T H T O N
J K W T R E K R G
D Y E L L O R T L
J O I R T L X W E
```

Trade	Trick
Travel	Trio
Trek	Trolley
Trench	Tropical
Triangle	Try

TW Sounds

```
E  G  N  I  W  T  K  F  T
R  T  P  T  T  A  R  W  K
L  N  G  R  E  K  I  L  N
T  X  Y  W  K  N  T  V  G
W  T  T  W  E  E  T  J  N
I  M  W  T  W  I  R  L  A
L  T  W  I  T  C  H  R  W
L  Z  T  L  C  Y  W  M  T
T  W  I  S  T  E  R  N  P
```

Twang	Twine
Tweak	Twinge
Tweet	Twirl
Twice	Twister
Twill	Twitch

Long U Sounds

H M R O F I N U U
L A M P T J V T O
Q L T U Z T M E Y
Z X K U L M U B L
F L U T E E S U B
J Q M R D M I C R
L N S U Z R C X C
Z E E Q N D Q K Q
Y F V U N I T E D

Cube | Uniform
Feud | United
Flute | Use
Mule | Utah
Music | You

Short U Sounds

```
Z  Q  N  M  V  K  N  G  B
F  W  M  E  G  L  U  Q  G
M  W  J  C  D  H  Q  E  J
U  G  T  U  N  D  L  T  N
G  J  N  G  M  B  U  N  U
T  S  U  R  M  B  R  S  M
X  F  G  U  L  U  O  G  B
T  T  T  J  B  L  M  U  E
H  U  L  K  M  N  Q  T  R
```

Gum	Rub
Hug	Rust
Hulk	Sudden
Jumbo	Tug
Number	Tumble

UR Sounds

```
N X P D M E N K Z
Q Z M P L I P R P
D Q C P A H W U R
T U R T U Y O L D
W U R R L M R F X
P U L I Y R R U H
C M J Z N Q U R J
V T D R F G B Y C
Q K F C U R V E G
```

Burrow	Hurl
Curtain	Hurry
Curve	Jury
During	Lurk
Fur	Purple

V Sounds

```
Y E R U T N E V R
E C T M T V N E V
L I Z V E S R J A
L O R L A I E T S
A V V C P R W V E
V E M M P G Y B G
T C A K X N J K L
T V T N O M R E V
T M V A N I L L A
```

Valley | Velvet
Vampire | Vermont
Vanilla | Venture
Vary | Vest
Vase | Voice

W Sounds

```
Y N W A T E R W W
W W E S I W E J Z
P R A M N A Y T R
J R S Y V S R D R
M E E E M T L M H
W T L L H R R C N
E N A B O S T B Z
A I H W R A I D X
R W W F W L K W K
```

Whales   Weave
Watch   Winter
Water   Wise
Way   Wish
Wear   World

50

WR Sounds

```
W  H  T  S  I  R  W  G  W
R  L  N  K  D  D  X  N  F
I  W  R  E  C  K  J  O  W
N  W  W  P  E  H  J  R  P
K  E  Y  R  T  T  I  W  A
L  V  T  A  E  N  I  M  R
E  N  E  O  G  N  K  R  W
C  R  C  K  R  C  C  M  W
W  H  Q  Z  Y  W  L  H  L
```

Wrap	Wring
Wreath	Wrist
Wreck	Write
Wrench	Wrong
Wrinkle	Wrote

Y Sounds

```
D F Y M Y A G O Y
X K K O K G K W L
V D D M X N Y K U
Y E A R A B I M O
L M Y Y M K P A Y
K H M I N M P Y T
J L R U E V E W D
Q M O X Y L E X F
V Z K Y C B D G G
```

Yam	:	Yodel
Yank	:	Yoga
Year	:	Yolk
Yield	:	You
Yippee	:	Yummy

52

Long A Sounds

Short A Sounds

AI Sounds

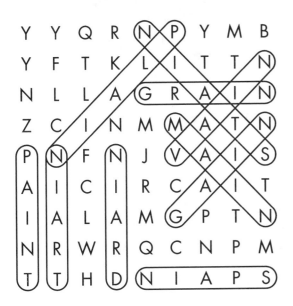

BL Sounds

Hard C Sounds

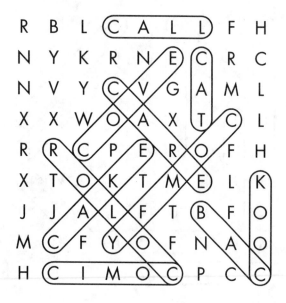

Soft C Sounds

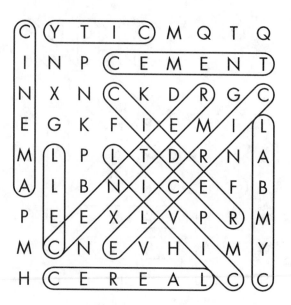

CH Sounds

CK Sounds

CR Sounds

DR Sounds

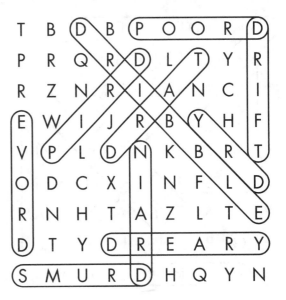

Long E Sounds

EE Sounds

F Sounds

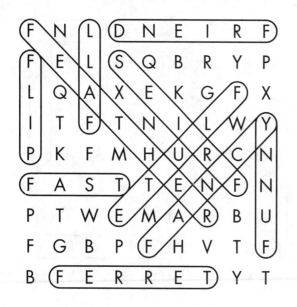

Hard G Sounds

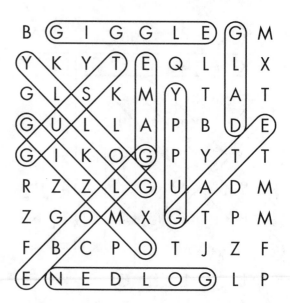

Soft G Sounds

Silent GH Sounds

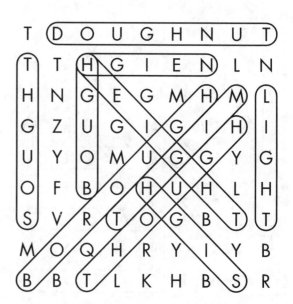

GR Words

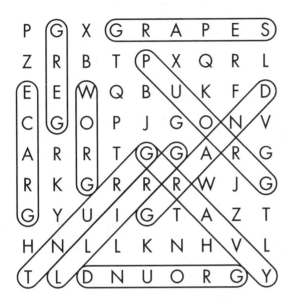

```
P  G  X  G  R  A  P  E  S
Z  R  B  T  P  X  Q  R  L
E  E  W  Q  B  U  K  F  D
C  E  O  P  J  G  O  N  V
A  R  R  T  G  G  A  R  G
R  K  G  R  R  R  W  J  G
R  Y  U  I  G  T  A  Z  T
H  N  L  L  K  N  H  V  L
T  L  D  N  U  O  R  G  Y
```

H Sounds

```
H  O  S  P  I  T  A  L  R
Y  E  K  C  O  H  Q  L  E
P  H  I  S  T  O  R  Y  L
H  H  I  L  L  L  M  H  L
I  C  L  L  Y  H  H  P  O
P  M  E  N  P  O  I  K  H
P  H  H  G  P  X  L  N  W
O  D  Y  E  A  Q  T  N  T
M  K  D  Q  H  K  V  Q  M
```

Long I Sounds

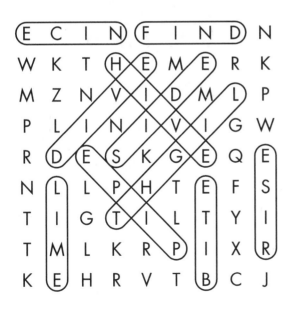

```
E  C  I  N  F  I  N  D  N
W  K  T  H  E  M  E  R  K
M  Z  N  V  I  D  M  L  P
P  L  I  N  I  V  I  G  W
R  D  E  S  K  G  E  Q  E
N  L  L  P  H  T  E  F  S
T  I  G  T  I  L  T  Y  I
T  M  L  K  R  P  I  X  R
K  E  H  R  V  T  B  C  J
```

Short I Sounds

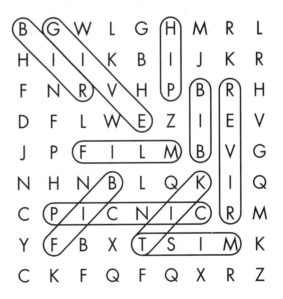

```
B  G  W  L  G  H  M  R  L
H  I  K  B  I  J  K  R
F  N  R  V  H  P  B  R  H
D  F  L  W  E  Z  I  E  V
J  P  F  I  L  M  B  V  G
N  H  N  B  L  Q  K  I  Q
C  P  I  C  N  I  C  R  M
Y  F  B  X  T  S  I  M  K
C  K  F  Q  F  Q  X  R  Z
```

IR Sounds

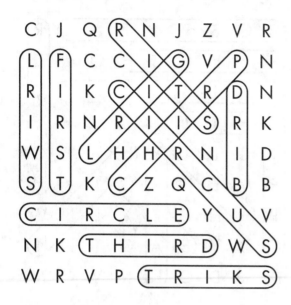

LE Sounds

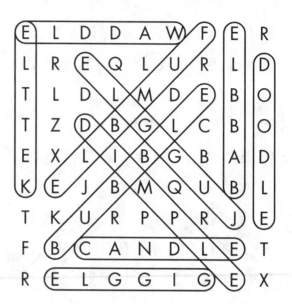

M Sounds

N Sounds

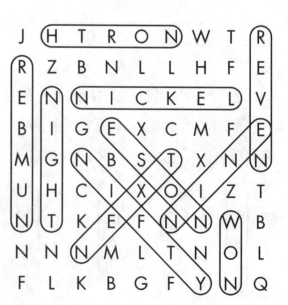

Long O Sounds

```
P  V  X  C  C  W  E  R  N
G  F  O  A  M  Z  V  L  J
L  O  C  J  E  T  O  N  H
W  V  A  F  B  B  T  L  B
O  H  P  L  Z  E  S  C  T
B  O  G  A  V  R  E  R  M
X  M  K  O  O  T  L  O  D
T  E  D  D  O  S  P  M  F
N  T  N  V  V  E  T  L  R
```

Short O Sounds

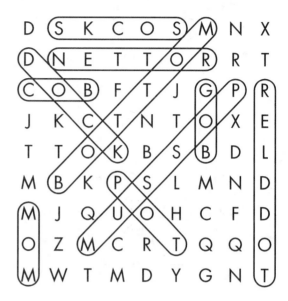

```
D  S  K  C  O  S  M  N  X
D  N  E  T  T  O  R  R  T
C  O  B  F  T  J  G  P  R
J  K  C  T  N  T  O  X  E
T  T  O  K  B  S  B  D  L
M  B  K  P  S  L  M  N  D
M  J  Q  U  O  H  C  F  D
O  Z  M  C  R  T  Q  Q  O
M  W  T  M  D  Y  G  N  T
```

OA Sounds

```
K  K  T  T  G  K  T  T  X
T  A  A  O  D  O  P  P  G
A  F  O  A  M  Y  A  W  R
O  R  R  S  B  X  K  T  O
B  T  H  T  T  G  D  H  A
L  T  T  M  H  T  N  T  N
N  W  O  L  Q  Z  A  H  K
D  A  O  R  V  O  G  B  K
N  F  H  T  C  N  R  V  T
```

OI Words

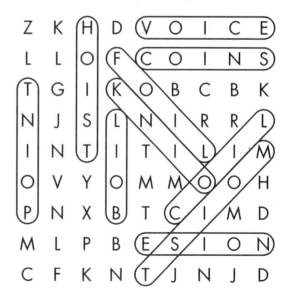

```
Z  K  H  D  V  O  I  C  E
L  L  O  F  C  O  I  N  S
T  G  I  K  O  B  C  B  K
N  J  S  L  N  I  R  R  L
N  N  T  I  T  I  L  I  M
O  V  Y  O  M  M  O  O  H
P  N  X  B  T  C  I  M  D
M  L  P  B  E  S  I  O  N
C  F  K  N  T  J  N  J  D
```

OU Sounds

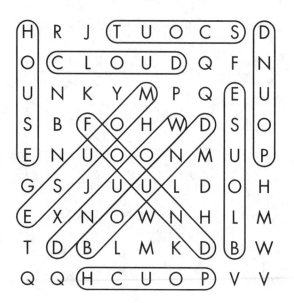

OY Words

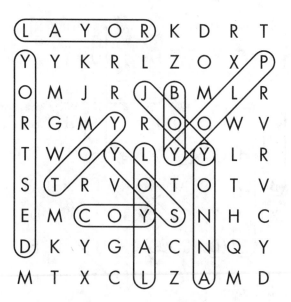

P Sounds

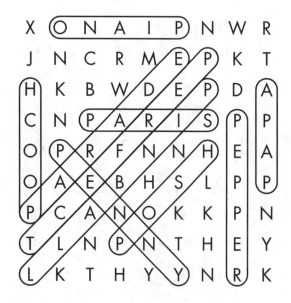

PH Sounds

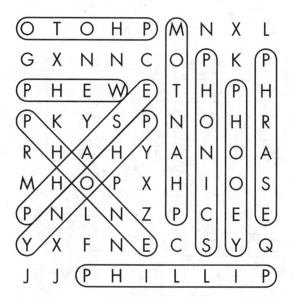

QU Sounds

```
T  T  M  F  Z  M  L  N  T
Y  K  J  Q  U  I  C  K  B
T  K  V  Q  A  R  U  T  B
I  C  N  U  M  B  Q  Q  G
L  A  Q  E  Q  U  A  K  E
A  U  H  S  I  U  N  L  Z
U  Q  G  T  F  R  E  P  K
Q  P  E  B  Y  Q  X  E  L
L  E  R  R  A  U  Q  J  N
```

R Sounds

```
T  Y  R  L  R  E  V  I  R
R  D  C  R  E  L  I  E  F
P  E  B  E  K  Q  T  R  R
C  V  T  N  L  N  Q  L  I
E  Y  U  U  F  A  F  C
L  C  L  R  R  C  F  R  H
U  W  L  K  S  N  I  U  L
R  N  A  A  V  N  M  D  R
D  L  R  D  G  Q  F  D  N
```

SH Sounds

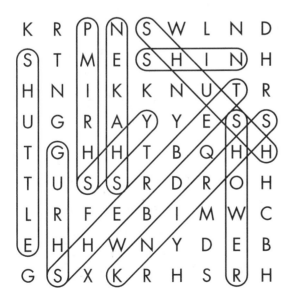

```
K  R  P  N  S  W  L  N  D
S  T  M  E  S  H  I  N  H
H  N  I  K  K  N  U  T  R
U  G  R  A  Y  Y  E  S  S
T  G  H  H  T  B  Q  H  H
T  U  S  S  R  D  R  O  H
L  R  F  E  B  I  M  W  C
E  H  H  W  N  Y  D  E  B
G  S  X  K  R  H  S  R  H
```

SM Sounds

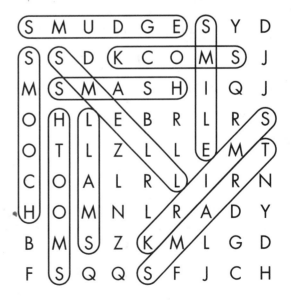

```
S  M  U  D  G  E  S  Y  D
S  S  D  K  C  O  M  S  J
M  S  M  A  S  H  I  Q  J
O  H  L  E  B  R  L  R  S
O  T  L  Z  L  L  E  M  T
C  O  A  L  R  L  I  R  N
H  M  N  L  R  A  D  Y
B  M  S  Z  K  M  L  G  D
F  S  Q  Q  S  F  J  C  H
```

SN Sounds

```
S S S N A P L R L
N L N K T P G E T
I R O E R L K W H
F A W K E R T C T
F N Y A O Z T N S
Z S K N M A E N K
Y T S S N P U J K
G M M S M G T V K
R T E P P I N S P
```

ST Sounds

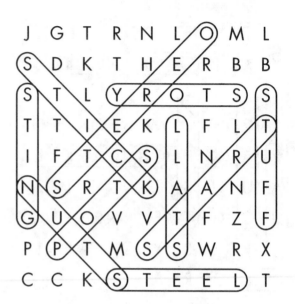

```
J G T R N L O M L
S D K T H E R B B
S T L Y R O T S S
T T I E K L F L T
I F T C S L N R U
N S R T K A A N F
G U O V V T F Z F
P P T M S S W R X
C C K S T E E L T
```

TH Sounds

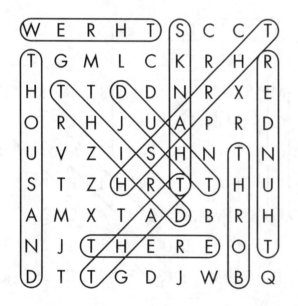

```
W E R H T S C C T
T G M L C K R H R
H T T D D N R X E
O R H J U A P R D
U V Z I S H N T N
S T Z H R T T H U
A M X T A D B R H
N J T H E R E O T
D T T G D J W B Q
```

TR Sounds

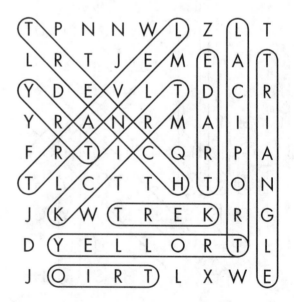

```
T P N N W L Z L T
L R T J E M E A T
Y D E V L T D C R
Y R A N R M A I I
F R T I C Q R P A
T L C T T H T O N
J K W T R E K R G
D Y E L L O R T L
J O I R T L X W E
```

TW Sounds

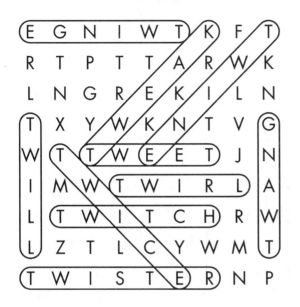

Long U Sounds

Short U Sounds

UR Sounds

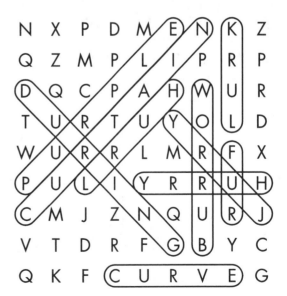

63

V Sounds

W Sounds

WR Sounds

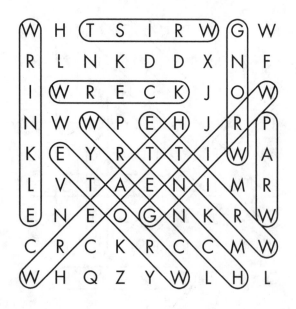

Y Sounds